AF410871

ESQUISSES

SUR

LA BRETAGNE,

OU

Vues de Châteaux historiques, Abbayes et Monumens anciens,

dessinées sur les lieux, avec notices formant

texte pour chaque vue.

Première Livraison.

RENNES,

DE L'IMPRIMERIE ET LITHOGRAPHIE DE A. MARTEVILLE, RUE ROYALE, N. 8.

1829.

ESQUISSES

LA BRETAGNE.

Château de Montmuran.

La position élevée de ce château, dominant sur une riche plaine d'une immense étendue, est vraiment majestueuse, tandis que de nobles souvenirs se rattachent à cette noble demeure.

L'histoire nous apprend que dès le dixième siècle, Alain III, duc de Bretagne, donna, dans ses environs, un grand territoire à sa sœur Adèle, abbesse de Saint-Georges, à Rennes. Cette dame en concéda une partie à l'un des ancêtres de la famille des Tinténiac, qui, l'ayant reçue à titre d'hommage lige, jura fidélité à genoux dans les mains de son seigneur, ladite abbesse. Il bâtit un château en ce lieu.

A cette haute antiquité se joint une grande illustration. Bertrand du Guesclin, notre héros breton, y fut fait chevalier. Alors jeune guerrier, aspirant à la gloire qu'il acquit depuis, il se livrait aux plaisirs d'une fête que la dame châtelaine donnait au maréchal Dandreghen, quand l'alarme se répandit dans le châtel : Un parti d'Anglais, attaché aux intérêts du comte de Montfort, venait de Dinan pour troubler les divertissemens de Montmuran. Bertrand s'arme à la hâte, réunit une troupe de combattans et s'apprête à marcher à la rencontre de l'ennemi. Mais avant de partir, et porté par le désir d'illustrer son nom, il requiert chevalerie. Delatre du Marais, chevalier du pays de Caux, lui donne l'accolade, et du Guesclin va mériter ses éperons d'or. Il fit mordre la poussière aux Anglais. Les lieux du combat se reconnaissent encore aujourd'hui, dans le voisinage du château, par les noms de Chemin et Champ sanglans (1).

Cette belle propriété appartient à M. le comte de Bizien, maire de Saint-Malo. Montmuran est situé dans le département d'Ille et Vilaine, commune des Iffs, à une lieue de Hédé, sur la route de Rennes à Saint-Malo, et proche de celle de Rennes à Dinan.

Château de S^t. Aubin du Cormier.

Pour le Breton qui n'est pas encore insensible au souvenir du patriotisme de ses pères, quand ils défendaient l'indépendance de la Bretagne contre la France, ces ruines sont d'un grand intérêt; elles lui retracent les derniers efforts de ses ancêtres pour la conservation de l'existence politique du pays, à une époque où le prince régnant en Bretagne avait fait jurer à ses enfans, au sortir du berceau, de n'écouter jamais aucunes propositions qui tendraient à priver la Bretagne de son intégralité ; de même que les Etats arrêtèrent de ne reconnaître pour légitimes souverains que les enfans du duc régnant, François II.

La bataille de Saint-Aubin du Cormier eut lieu le 28 juillet 1488, non loin de ce château. De la perte de cette bataille du côté des Bretons, est résultée la réunion de la Bretagne à la France. Ce qui hâta cet événement, devant arriver un jour, fut une intrigue de cour, à la tête de laquelle s'était placée Madame de Beaujeu, fille de Louis XI et régente du royaume. Le duc d'Orléans,

(1) Ce combat eut lieu en 1354. Voyez l'Histoire de Bretagne, par M. D. Lobineau, tom. 1, pag. 347.

Dusaulchoy del.   Lith. de Villain.   Courtin lith.

St AUBIN DU CORMIER.

depuis Louis xii, fut fait prisonnier à la bataille de Saint-Aubin du Cormier, ainsi que le prince d'Orange, tous deux combattant dans les rangs bretons.

L'origine de ce château remonte au treizième siècle. Pierre de Dreux, alors duc de Bretagne, le fit bâtir pour mieux assurer la ligne de défense de ce duché vers la Normandie. Le goût qu'il avait pour la chasse l'engagea sans doute à le placer près d'une forêt, pour y jouir de cet exercice. L'examen de ces débris présente dans leur solidité la dureté presqu'indestructible du mortier des Romains. Nous ne pouvons mieux le prouver à ceux qui ne sont pas à même de l'observer de près, qu'en rapportant ici un passage d'un écrivain breton qui les vit il y a plus de deux siècles. Voici ce qu'il en dit :

« Ce château dura jusqu'à quelques ans après la journée de Saint-Aubin du » Cormier; lequel étant rendu aux Français, le roi Charles viii le fit démolir » comme encore il est. Mais la structure en fut telle que nul ouvrier ne saurait » encore aujourd'hui, à force de marteaux, rompre ni en tirer plus de son » faix de pierres, tant il était bien cimenté et la muraille bonne, et telle qu'il » ne s'en fait plus. Et il y a encore aujourd'hui une demi-tour debout de » grande hauteur, laquelle tient par le haut une moitié de son ancienne cir- » conférence et hauteur, et par le bas ne tient pas un quart où elle fut fondée; » chose qui témoigne la force du ciment, qui résiste depuis 1223.

Il ne paraît pas que depuis l'époque où d'Argentré écrivait ceci, aucunes dégradations aient eu lieu à cette tour, qui faisait partie d'un château fort.

Château du Guildo.

Sur les côtes du nord de la Bretagne, dans les parages de Saint-Malo, entre les rades ouvertes de Saint-Cast et de Saint-Briac, la mer s'avance dans les terres, et porte les eaux de l'Océan cinq lieues intérieures, jusqu'au petit port de Plancouët, qui reçoit des bâtimens de cinquante tonneaux.

Lorsque l'on entre dans ce bras de mer, qui prend le nom de rivière du

Guildo, l'on voit, sur la gauche, les ruines de l'antique abbaye de Saint-Jacut, dont la fondation remonte au cinquième siècle. Plus loin, dans cette rivière, sur la même rive, vous apercevez les tours d'un ancien château qui domine la rivière; c'est le Guildo.

Cette position vers la mer était d'une facile défense, et devait procurer de grands avantages pour recevoir des secours, ou entretenir des communications avec les côtes de la Bretagne, de la Normandie, et même avec l'Angleterre, quand des intérêts communs le demandaient. Ce château, vu de près, rappelle une forteresse cernée d'épaisses murailles flanquées de tours, et défendue par de larges et profonds fossés.

On parvient dans l'intérieur par le côté où était placée la porte d'entrée, aujourd'hui démantelée, et presque méconnaissable. Le coup-d'œil qu'offre l'enceinte intérieure est celui du désordre. Le sol inégal est encombré par les déblais des bâtimens écroulés. Quelques restes de chambres basses se font encore apercevoir; difficilement on peut y parvenir à travers les ronces et les épines, qui en défendent l'approche. Ce lieu infréquenté n'est plus que la demeure des animaux voraces, des reptiles et des oiseaux de nuit : c'est l'aspect de la destruction et de la mort.

On n'a pu découvrir par qui et quand le Guildo a été bâti. On le croit très-ancien. Quelques-uns ont prétendu que, dans le sixième siècle, vers l'an 560, il appartenait à Conobore ou Comore, prince breton; qu'il y donna asyle à Chram, fils rebelle de Clotaire 1er., roi de France, qui s'était allié avec le prince breton dont on vient de parler. Abordé sur cette côte avec une flotte, il s'avança vers le territoire français; ce qui attira sur lui une armée française commandée par son père. Selon cette version, une bataille eut lieu non loin de la côte; Comore fut tué, Chram fait prisonnier et brûlé avec sa femme et deux de ses filles, dans un village, par ordre de son père (1).

(1) Grégoire de Tours parle de la marche en Bretagne de Clotaire contre les Bretons; mais il ne dit pas où la bataille a eu lieu. On lit dans la vie de Constantinien, qui habitait alors dans le Maine, qu'il vit passer Clotaire et lui prédit la victoire. Deric fait passer Clotaire par Dol. Des Fontaines, dans son Histoire des ducs de Bretagne, indique la bataille entre Saint-Malo et Châteauneuf. Comme Chram était venu par mer, il a pu descendre dans le voisinage du Guildo.

Dusaulchoy del. Lith. de Villain. Courtin lith.

RUINES DU CHATEAU DE GUILDO.

Une observation faite dans la commune de CREHEN, près du bourg de ce nom, et dans un petit hameau, à la distance d'environ une lieue du Guildo, a fait reconnaître un ancien tombeau (un *tumulus*), dont une partie entamée offre à l'intérieur des débris d'ossemens calcinés et du charbon. Une *merveilleuse* tradition, conservée par les paysans du lieu, raconte que la nuit on voit sortir cette de butte une femme qui va laver son linge à un ruisseau du voisinage.

Un fait plus certain, et qui attache à ces ruines de douloureux souvenirs, est d'apprendre que c'est là que commencèrent les horribles persécutions que le duc de Bretagne, François Ier., fit éprouver au plus jeune de ses frères, le prince Gilles de Bretagne. Ce dernier vivait en mauvaise intelligence, il est vrai, avec son aîné, parce qu'il avait à se plaindre du partage qu'on lui avait donné. Mais le frère, souverain, abusant de son autorité, ou poussé par des ennemis du prince Gilles de Bretagne, conçut l'affreux dessein de perdre son jeune frère.

Alors régnait en France Charles VII, qui tenait momentanément sa cour à Chinon, dans l'Anjou. Le duc François Ier. s'y rendit pour rendre hommage de son duché au roi; ce qu'il fit selon la coutume de ses prédécesseurs. Il cita son frère au roi comme traître à la France et à la Bretagne, voulant, disait-il, faire entrer les Anglais en France. Charles écouta ces calomnies. Les deux souverains convinrent de faire arrêter le prince Gilles. Le duc de Bretagne, sans égard au sang, sans considération pour l'honneur de sa nation, souffrit que Charles VII le fît arrêter au château du Guildo. Voici de quelle manière le souvenir en a été gardé dans un écrit qui date du siècle suivant, et dont le langage se ressent de celui de l'événement :

« Messire de Brezé o tout (avec) quatre cents lances, arrivèrent devant la place du Guildo un dimanche, 26 juin de l'an 1446. En ce château était Monseigneur Gilles de Bretagne avec les dames, c'est à savoir madame sa femme, madame Catherine de Rohan, mère d'icelle, et plusieurs dames et damoiselles. L'arrivée de ces gens d'armes ne fit aucunes émotions sur l'esprit de ce prince, car il croyait recevoir des amis; mais bientôt il s'aperçut du contraire, car ceux-ci prinrent au corps, assez lourdement, Monseigneur Gilles de Bretagne, le tirèrent hors de la place, et l'emmenèrent en la ville de Dinan, où était son frère. »

A peine Brezé, alors sénéchal du Poitou, fut parti de Chinon, qu'Arthur de Bretagne, connétable de France, oncle du duc François 1er. et du prince Gilles, s'adressa au roi, et lui représenta l'injustice qu'il venait de commettre. Le roi se repentit, et dit au connétable : « Beau cousin, pourvoyez-y; » autrement la chose ira mal; le duc et les autres ont délibéré de le prendre. »

Le connétable se rendit en toute hâte en Bretagne; mais le prince était remis à la justice du duc, qui ne voulut point le relâcher. Cette même année 1446, au mois d'août, les États du pays furent convoqués à Redon. Le duc se porta accusateur de son frère, comme coupable de trahison envers son pays et la France, et pour cette félonie méritant la mort.

Il se trouva à ces États des hommes vertueux et de courage qui défendirent le jeune prince. Un seigneur de Combourg entraîna l'assemblée en faveur de la victime. Il dit qu'il affirmait sur sa tête qu'il n'y avait pas céans un meilleur Breton que Gilles de Bretagne; qu'il ne *baillerait* aucun consentement à sa mort, mais plutôt requerrait sa délivrance.

Le prince y fut acquitté des chefs d'accusation, mais ne fut pas pour cela mis en liberté. L'irascible duc dit qu'il se réservait de l'accuser autrement. Gilles fut remis en prison à Châteaubriant, ensuite, pendant trois ans, conduit de prison en prison, jusqu'à ce que, renfermé dans un cachot à la Hardouinaie, il y reçut la mort de ses bourreaux.

Aujourd'hui, aux pieds des murailles du Guildo, trois cent quatre-vingt-trois ans après l'événement que nous venons de raconter, lequel s'y passa au grand chagrin des habitans, qui y vivaient en paix, nous nous rappelons encore qu'un siècle et deme plus tard (1790), les troupes d'Henri IV en chassèrent celles de la Ligue, puis en 1597, qu'un des chefs de la Sainte-Union, sous les ordres du duc de Mercœur, s'en empara de nouveau avec deux mille hommes. Alors on se servait communément de l'artillerie. Aussi a-t-on trouvé une pile de boulets dans une retraite au-dessus de la poterne.

Un dernier souvenir est celui d'un proscrit qui, durant nos derniers troubles civils, de pénible mémoire, s'était fait une cache dans ces ruines ; c'était un Châteaubriant. Il les quitta, fut pris et fusillé à Paris.

Celui dont l'esprit est enclin aux idées poétiques, sera inspiré à la vue de ces vieilles tours, et les sujets ne lui manqueront pas. Si c'est un peintre, un beau tableau se présentera à son imagination. Le prince Gilles vient de quitter le jeu de paume ; il reçoit cordialement le sire de Brezé, armé, et les dames, placées dans une galerie, sont témoins de cette réception. Le pendant de ce tableau serait la désolation qu'entraîna avec elle la trahison de Brezé et de ses hommes d'armes, en s'emparant du prince. C'est ainsi qu'en signalant nos vieux châteaux bretons trop négligés, il s'y rattachera un intérêt jusqu'à présent inconnu.

Château de la Hardouinaie.

En continuant l'abrégé de l'histoire de l'infortuné prince Gilles de Bretagne, nous le voyons passer prisonnier, du château de Moncontour à la Hardouinaie. L'historien d'Argentré en parle ainsi : « De Moncontour il fut conduit » au château de Touffou, puis en celui de la Hardouinaie, qui était à sa femme, » place malplaisante, close et étroite, où il fut étrangement enclos, sans » pouvoir avoir le large du château. »

En effet, on ne pouvait choisir un lieu plus retiré que cette solitude au milieu d'une forêt. En l'y conduisant, ses gardiens écartaient de lui l'intérêt que chacun prenait à ses malheurs, en passant près des murailles qui, dans les villes, l'avaient renfermé ; ici il fut oublié.

Arthur de Montauban, maréchal de Bretagne, favori du duc, était à la tête des ennemis du jeune prince. On dit qu'épris de la princesse, il projetait de l'épouser après le crime qu'il méditait. Il donna l'ordre à ses sicaires de le

faire périr. Cet ordre, dit l'historien du tems, portait *de le murdrir et de l'occire.* « Mais iceux, par ce qui leur en était rien apparu par lettres authen-
» tiques, craignirent l'occire de glaive, de paour d'en être repris ; à cette
» cause le resserrèrent étroitement dedans une grosse tour, en une chambre
» basse, et délibérèrent de le faire mourir de faim. »

Ce passage des annales de Bretagne est bien propre à nous faire croire que c'est avec raison que nous avons considéré la partie basse de la tour que l'on voit dans notre dessin, comme étant cette *chambre basse.*

Pour mettre leur plan à exécution, les gardiens du prince cessèrent de lui porter des alimens ; mais la Providence se chargea de lui en procurer. Une femme du voisinage entendit les gémissemens du prisonnier, et vint à son secours, en lui apportant la nuit sa nourriture quotidienne. Ses gardes, qui ne s'en apercevaient pas, étonnés de le voir survivre à l'inanition, tentèrent le poison. Il y résista encore. Alors ils résolurent de l'étouffer, et voici de quelle manière le crime fut consommé :

« *Un jour de samedi, vingt-quatrième jour d'avril* 1450, *au plus matin,*
» *Olivier de Mesle et trois autres de ses compagnons entrèrent en sa chambre,*
» *en laquelle ils le trouvèrent couché. Ils lui environnèrent la gorge. L'un*
» *tirait de çà et l'autre de là, etc.* »

Je passe sur le reste. C'est ainsi que ce prince termina sa vie. Ces ruines sont dans un grand état de dégradation ; elles seront indifférentes pour celui qui les approchera, s'il ne connaît pas la touchante histoire à laquelle elles se lient. Plus les malheurs accablent ceux-là que la fortune en avait mis à l'abri, et plus ils sont grands. Ici, non seulement la fortune se plut à frapper de ses coups celui qu'elle poursuivit, mais elle voulut y ajouter d'autres traits per-fides. Le duc parut avoir oublié sa haine. Déjà il avait envoyé son amiral Pregent de Coëtivy à Moncontour, avec ordre l'élargir son frère ; mais cette bonne nouvelle, parvenue au prisonnier, fut de courte durée : de Mesle, obéissant au maréchal de Bretagne, fit fabriquer une lettre supposée venir d'Angleterre, par laquelle le roi anglais menaçait le duc de sa puissance, s'il ne mettait de suite en liberté Gilles, chevalier de l'Ordre de la Jarretière. Le

ABBAYE DE BOQUIN.

duc, faible quand il s'agissait de se laisser maîtriser par ses courtisans, avait une grande fierté nationale : un contre-ordre fut de suite expédié à Moncontour, et le prince sacrifié.

Un fait sur lequel j'ai passé, qu'il convient de rappeler, est que cette femme généreuse qui prolongea les jours du prince, fut chargée par lui de lui conduire un confesseur; ce qu'elle fit. Le prince dévoila au religieux la connaissance de ses maux, le priant d'aller trouver son frère, et de l'appeler à la justice de Dieu. Le duc, frappé de cette citation, mourut deux mois après.

Le premier soin du successeur de François Ier. fut de rechercher les auteurs de la mort du prince Gilles. Ils furent arrêtés, et leurs têtes tombèrent sur l'échafaud, en expiation de leurs crimes.

De nos jours, un habile littérateur (1) n'a pas dédaigné ce trait de notre histoire. Il en a fait un roman ingénieux et touchant, qu'il a nommé *le Fratricide*.

Non loin des ruines de la Hardouinaie, dans cette forêt même, on voit un énorme tumulus entouré d'un fossé. Ne serait-ce pas le tombeau d'un chef des Druides? Il serait curieux de le fouiller.

Abbaye de Boquen.

Non loin des ruines du château de la Hardouinaie sont celles de l'ancienne abbaye de Boquen, fondée, en 1137, par Olivier, prince de Dinan, dont le frère, du nom d'*Adonias*, fut le premier abbé.

C'est dans l'église paroissiale de ce vieux monastère que furent déposées les dépouilles mortelles du prince dont on a esquissé les malheurs. Nulles pompes funéraires ne les accompagnèrent à sa dernière demeure. Son cercueil

(1) M. le comte de Welsch.

Dusoulchoy del   Lith. de Villain.   Courtin lith.

TUMULUS PRÈS DE VANNES

Morbihan

fut placé dans une charrette attelée de deux bœufs. Quelques gentilshommes du voisinage, parmi lesquels se trouvait messire Geoffroy de Beaumanoir, en faisaient, avec les religieux, l'escorte principale.

On a vu les assassins jouer leur rôle hypocrite vis-à-vis de ceux qui chassaient avec eux. Ils continuèrent à montrer une douleur apparente, et s'empressèrent d'envoyer un messager, porteur de cette triste nouvelle, à l'abbé de Boquen, qui était à la distance de deux lieues de la Hardouinaie.

Voici ce qu'on lit dans les annales du tems :

« Comment l'abbé de Boquen, près la Hardouinaie, fut, avecques ses reli- » gieux, quérir le corps de monseigneur Gilles.

» Ces cruels inhumains homicides envoyèrent, dès celui jour de samedi, » sur la vespre, pardevers l'abbé de Bouquans, qui, près d'illec, était en son » abbaye, l'advertir de cette piteuse fortune, et le prier que, au lendemain » XXV d'apvril, il voulut venir avecques son couvent quérir le corps de ce » prince pour l'inhumer en son église. Celui jour du dimanche, environ » VIII heures du matin, l'abbé et ses religieux se transportèrent à la Har- » douinaie, et là trouvèrent messire Geoffroy de Beaumanoir et aucuns autres » gentilshommes du cartier, qui avaient été avertis de cette mort, et fut le » corps porté en terre, dans l'église de Notre-Dame de Boquen, qui est la » principale église de l'abbaye, et devant le grand autel fut ensépulturé. »

A ce récit historique se joint une récente vérification faite sur le sol de cette église, de la fosse du prince. Elle a été indiquée par le fermier actuel du lieu, qui, lors de la dispersion des derniers moines, était domestique dans le couvent; cette connaissance locale y était traditionnelle. Ce vieux serviteur raconte comme quoi la charrette, attelée de deux petits bœufs, entra dans l'église, et fit le tour de la fosse avant que le cercueil y fût descendu, et que depuis ce triste voyage, nulle charrette *n'a pu* passer par le même chemin de la Hardouinaie à Boquen !

La vue intérieure de cette église abandonnée, où l'ombre portée des murailles, et l'effet de la lumière introduite par les fenêtres, produisent des accidens heureux sur les masses d'arbustes et d'arbres qui y végètent, sera appréciée du paysagiste, qui y trouvera le motif d'un tableau, et le romancier, un épisode de quelques pages de plus.

Les forêts de la Hardouinaie et de Boquen sont dans le canton de Merdrignac, arrondissement de Loudéac, département des Côtes-du-Nord.

Château de Combourg.

Dans le département d'Ille et Vilaine, arrondissement de Saint-Malo, à trois lieues de Dol, sur une route qui part de cette ville et se rend à Hédé, on voit le château de Combourg. Les soins qu'on a pris de sa conservation nous montrent une de ces forteresses bretonnes, placées en seconde ligne de défense vers la Normandie. Jadis ces hautes tours en imposaient aux assaillans : aujourd'hui elles font encore l'admiration du voyageur, qui voudrait connaître les faits d'armes qui s'y sont passés; le dessinateur désire, à l'aide de son crayon, en conserver le souvenir, et le peintre s'y arrête quelquefois : satisfait d'un tableau que la nature lui présente dans un encadrement pittoresque, il en décorera un salon, comme ce château sert d'ornement au site qu'il embellit.

Des différens auteurs consultés, on a appris que Combourg fut bâti en 1016, par Junkenus, évêque de Dol, lequel était fils du premier vicomte de Dinan. Cependant, lorsqu'on examine scrupuleusement l'espèce de construction de Combourg, il est permis de douter qu'il vienne d'aussi loin, sur-tout lorsque l'on sait que, dans le XIIIe. siècle, Pierre de Dreux fit brûler Dol et Combourg. On ignore quand il fut rebâti.

Quoi qu'il en soit, durant la guerre intestine du XIIe. siècle, quand Henri II, roi d'Angleterre, vint en Bretagne soutenir Conan IV (ce qui fut pour lui un prétexte de conquête), le château de Combourg fut pris par ce roi sur Raoul II, de Fougères, qui le tenait pour Eudon; mais Raoul s'en empara de nouveau.

Combourg a été la demeure de Jean de Tinténiac, qui fut déclaré le plus brave à la mémorable bataille de trente Bretons contre trente Anglais, en 1352.

Ce château a été possédé par les familles de Soligné, du Châtel, d'Acigné, et appartient aujourd'hui à celle de Châteaubriant, au comte de ce nom, colonel de cavalerie. Cette famille remonte à Eude Brient (1), fils d'un comte de Penthièvre, qui, ayant accompagné Guillaume-le-Conquérant en Angleterre, combattit à la bataille d'Hastings contre Harold. Peu d'historiens ont rapporté le fait suivant : Deux fils d'Harold s'étant retirés en Irlande, revenaient en Angleterre pour tenter la fortune des armes. Brient, qui en fut averti, se mit en mer avec une flotte. Il rencontra celle des ennemis. Un combat s'ensuivit, dans lequel il fut vainqueur. Cette victoire navale dut assurer à Guillaume la conquête qu'il venait de faire. On sait encore que Louis IX fut si satisfait des services de Geoffroy de Châteaubriant à la Terre-Sainte, qu'il voulut le récompenser, en chargeant son écusson de fleurs-de-lys d'or sans nombre. Telle a été depuis la bannière des barons de Châteaubriant.

Un seul fait eût suffi pour illustrer ce château, dont nous avons ici l'exacte ressemblance : c'est là qu'avant la révolution, le comte de Châteaubriant reçut les premières leçons des lettres. Aujourd'hui, aux pieds de la tour du *Maure,* on aimera à redire les expressions tant harmonieuses d'une romance inspirée par le souvenir même de cette ancienne demeure des preux.

Tumulus près Vannes.

Il existe en Bretagne nombre de ces monumens, qui remontent à la plus haute antiquité. Il ne faut pas les confondre avec d'autres élévations artificielles faites de pierres rapportées, et qui renferment des souterrains ou

(1) Premier nom de la famille de Châteaubriant.

cryptes. Ceux ressemblans à celui du dessin qu'on voit ici, sont reconnus pour être des tombeaux, tandis que les autres ont dû être les hauts-lieux, qu'on a appelés carnes, et les prêtres qui y étaient attachés, carneac.

L'usage des élévations de terre sur les corps ou les cendres des morts a été général chez les différentes nations anciennes, particulièrement chez les Asiatiques. Le voyageur Chandler, envoyé par la Société des antiquaires de Londres pour faire des recherches dans l'Asie Mineure, en vit un grand nombre dans l'ancienne Lydie. Ils conservent encore, dit-il, leur forme conique, sans avoir rien perdu de leur sommité. Il cite celui d'Alyates, père de Crésus. Hérodote, qui en a donné la description, l'indique comme le plus grand ouvrage des Lydiens. On se rappelle le tumulus où furent déposées les cendres d'Achille et de Patrocle, reconnu par l'auteur du Voyage d'Anacharsis. Laïus fut tué par OEdipe; on lui éleva un énorme tumulus, que Pausanias vit. Cyrus fit élever un tertre immense sur les corps d'Abrates et de Panthea, qui se tua pour être enterrée avec son mari. Chez les Romains, on voit Germanicus mettre le premier gazon au tombeau commun que l'armée romaine éleva aux restes des troupes de Varus, défaites dans la forêt de Teuteberg, et depuis six ans privés de la sépulture.

Ici nous n'avons point d'anciens ouvrages qui puissent nous aider à savoir ce que renferme ce tombeau, qui est immense, et dans les proportions d'environ cent pieds de hauteur et trois cents de circuit. Un seul livre pourrait nous éclairer : ce serait celui qu'écrivit, au iiie. siècle, *Silvius Bonus*, et qu'il intitula *de Bellis Armoricanis*. Martial cite cet auteur pour avoir critiqué Ausonne. Celui-ci, dans une épigramme sur *Silvius*, l'appelle *Brito Malus*, au lieu de *Silvius Bonus*. Ce livre est perdu !

On voit ce grand tombeau dans la presqu'île de Rhuis, au pays des *Venetes*, ou *Veneti*, peuple jadis le plus puissant sur les mers de l'Océan, que Jules César nous a bien fait connaître, et qui devait sans doute ses connaissances sur mer aux grands navigateurs qui ont porté des colonies orientales vers l'occident, c'est-à-dire les Phéniciens.

Plusieurs de ces tombeaux, en Bretagne, ont été ouverts, et ont offert à l'intérieur des preuves qu'ils avaient été l'œuvre des Romains. A Belle-Isle, dans la commune de Bangor, on a trouvé dans un tumulus des médailles romaines. Il n'y a pas deux mois que dans la commune de Bieusi, sur les bords du Blavet, on a vu à l'intérieur d'un de ces tumulus des ossemens humains calcinés; des médailles romaines y ont été trouvées.

Ces découvertes n'excluent pas l'opinion que cette coutume ne fut pas admise par d'autres peuples antérieurs aux Romains, dans l'Armorique.

On n'a point ici la prétention d'expliquer si c'est aux Armoricains ou aux Romains qu'il faut attribuer celui-ci; son nom de Butte de Tumiac pourrait rappeler les derniers.

Un reproche que faisait Pausanias aux anciens Grecs serait ici applicable à nos savans, à l'égard de la Bretagne. « Ils admirent, disait-il, les ouvrages des étrangers; ils négligent entièrement ceux-là qui sont dignes de leur admiration, chez eux; et lorsque plusieurs écrivains s'occupent d'écrire sur les Pyramides d'Egypte, les trésors de Minias et les murailles de Tyraus ne sont pas seulement remarqués. » Combien serait précieuse la découverte du livre de Silvius Bonus! Si, en France, on ne fait aucunes recherches pour le découvrir, comment un Breton riche et ami de la gloire de son pays, n'offre-t-il pas une récompense digne de l'objet qu'on lui indique ici?

Le travail pour ouvrir ce tombeau serait immense, et c'est manquer aux vœux des fondateurs, que de violer les cendres des morts, quelle que soit leur origine. On le fait cependant pour satisfaire la curiosité, servir l'histoire; mais on se prépare des regrets, car plus les nations ont été civilisées, et plus grand a été le respect aux mânes des ancêtres.

Château de Fougères.

L'origine de la ville et du château de Fougères remonte au tems des Romains. Les cartes anciennes indiquent en ce lieu un *oppidum*, ville ou forte-

LE CHÂTEAU DES ROCHERS.

resse du nom de *Fugerium*. Elle est dite *ad fines*, c'est-à-dire sur les confins : on a entendu par là qu'elle était située sur les limites de deux peuples, les *Cænomani* et les *Diaulites* ou *Diablintes*. Les premiers sont les Manceaux ; à l'égard des seconds, on n'est pas aussi certain.

Quelques restes de murailles observées sur la hauteur de la ville, près l'église de Saint-Léonard, semblent être romains : ce peuple occupait de préférence les hauteurs. Plus tard, dans le moyen âge, la castellation adopta souvent un système opposé, qui tirait sa force du circuit des eaux. C'est ce qui a pu décider à bâtir le château actuel de Fougères, où on en voit les restes ; d'autant qu'on a pu se servir du cours du Nanson, petite rivière, pour ajouter à cette défense, lorsque la chaussée qui fait partie de la grande route n'existait pas.

Sous les ducs de Bretagne, cette place était considérée comme la clef du pays vers la France. Son château faisait partie d'une ligne de défense qui prenait depuis la Loire jusqu'au golfe d'Avranches.

Durant la guerre du XIIᵉ. siècle, guerre intestine et étrangère, on vit Raoul II, baron de Fougères, se liguer avec Eudon contre Conan IV, qui demandait au premier la jouissance du duché de Bretagne. Conan battu va solliciter des secours de Henri II, roi d'Angleterre. Revenu en Bretagne en 1155, il rallia à sa bannière Raoul ; mais celui-ci soupçonnant que les Anglais voulaient s'emparer du pays, abandonna aussitôt le parti de Conan pour rejoindre celui d'Eudon ou Eudes. Henri, suivi d'une armée anglaise et brabançonne, se porte de suite sur Fougères, où s'était retranché Raoul ; il prend son château et le fait raser. Loin de se décourager, ce breton réunit de nouveau ses amis, et fait une guerre très-active aux ennemis de son pays ; mais la mauvaise fortune triomphe de son courage : il est pris dans la tour de l'église de Dol. Sans doute que la douleur de voir la Bretagne devenir la possession des Anglais l'engagea à aller chercher des combats ailleurs, car il périt dans la Terre-Sainte. Le château de Fougères fut rebâti. Geoffroy, son fils, marchant sur ses traces, résista à de fréquentes attaques que Jean-Sans-Terre, duc de Normandie, fit dans les environs de cette ville.

Lorsqu'on vient de Rennes à Fougères, deux tours assez proches l'une de l'autre fixent d'abord la vue. La plus haute porte le nom de *Melusine*, l'autre celui de *Raoul*. On devine facilement d'où vient le dernier nom ; quant au premier, on peut croire que depuis long-tems c'est une énigme. Voici, ce me semble, de quelle manière elle s'explique : Raoul iii mourut en 1256. De son vivant il avait marié Jeanne de Fougères, sa fille, avec Hugues xii de Lusignan, comte de la Marche et d'Angoulême. On sait que la maison de Lusignan prétendait descendre de la fée Melusine. Cette fée ne provenait-elle pas elle-même d'une divinité payenne ? Et alors, de même que les anciennes familles de l'antiquité se faisaient descendre des dieux, la vanité des Lusignans a pu être de tirer son origine de la déesse Melusine, comme la famille de Jules, à Rome, prétendait descendre de Vénus par Énée. On trouve cette explication développée dans la Revue encyclopédique de 1827, tom. 11, pag. 3o de la collection.

Reprenons l'historique du château de Fougères. En 13o3, Gui de Lusignan fut accusé de félonie par le roi de France, et ses biens confisqués. Fougères, peu après, fut rendu à Yolande, sa sœur, avec la clause de réversion à la couronne à son décès. Mais à cette époque, le duc de Bretagne s'en empara ; ensuite, cité par Philippe-le-Bel à comparaître, il le restitua.

En 1448 régnait en Bretagne François ı^{er}., dont le frère, Gilles de Bretagne, était son prisonnier. L'Anglais possédait encore en France nombre de places fortes, entre autres Verneuil, qui était commandée par un capitaine du nom de Surienne, dit l'Arrogonais, grand preneur de villes. Celui-ci part de Condé-sur-Noireau le 19 mars 1448, avec six cents hommes, et arrive sous les murs de Fougères le 23 au soir, se glisse avec sa troupe dans les fossés, fait dresser des échelles, escalade le château, s'en empare, égorge la garnison, et fait dans la ville un butin de 16o,ooo écus d'or.

Le duc François envoya Michel de Partenai pardevant Surienne lui demander par quel ordre il avait pris Fougères. A quoi il répondit : « Ne m'enquérez plus avant. Ne voyez-vous pas que je suis de l'ordre de la Jarretière ? Mais, reprit Partenai, on dit que vous avez pris Fougères pour ravoir

Dusantchoy di.́ Lith. de Villain. Asselineau lith.

CHÂTEAU DE PONT L'ABBÉ.

Le Château des Rochers.

Au nom de ce château, on se rappelle la marquise de Sévigné. On a lu le Recueil des lettres de cette dame, écrites d'un style qu'on a nommé inimitable, tant par l'expression si touchante de la tendresse maternelle, qui va jusqu'à la piété filiale, que par la variété des récitatifs, soit légers, soit profonds, où se trouve souvent jointe l'éloquence instructive à la description charmante de la frivolité.

Née sous le beau climat de la Bourgogne, Marie de Rabutin de Chantal épousa le marquis de Sévigné, d'une ancienne famille bretonne. Devenue veuve six ans après son mariage, elle unissait les charmes de la figure aux grâces naturelles, et celles qui naissent de l'esprit cultivé; elle eût pu jouir des avantages, toujours séduisans, des sociétés les plus relevées de la capitale, en faire l'ornement et y recevoir les hommages de tous, à une époque où la galanterie était encore fille de la chevalerie, et lorsque le grand monarque occupait le trône de France.

Mais madame de Sévigné connaissait le vide que laisse le monde, lorsque le tems a privé de ses charmes une jolie femme : aussi, sans se séparer entièrement des événemens de son siècle, elle chercha de bonne heure, dans la solitude, le calme que procure une vie intérieure, livrée à des occupations paisibles. Éloignée de sa fille, la comtesse de Grignan, elle soulagea l'absence par l'épanchement de la tendresse, en écrivant à cet objet, si chéri de son cœur. C'est aussi à cette séparation qu'on doit la plupart de ses lettres.

Un sujet attrayant est celui de visiter les lieux où ont vécu les personnages illustres; et sous ce rapport, nous pensons faire plaisir aux amateurs des Lettres de madame de Sévigné, en leur offrant la vue des Rochers, d'où elle en data un si grand nombre.

Ce sont des souvenirs que l'étranger vient chercher aux Rochers, encore plein de celui de ses habitans au xviiᵉ. siècle.

Il entre dans une vaste cour, et croit encore la voir remplie de beaux équipages et d'un nombre infini de cavaliers ; il se rappelle une visite faite à la marquise le 12 août 1671, qu'elle-même a décrite dans une de ses lettres à sa fille. Voici ce qu'elle en dit :

« Dimanche dernier, aussitôt après avoir cacheté mes lettres, je vis entrer
» six carosses dans ma cour, avec cinquante gardes à cheval, plusieurs pages
» également à cheval : c'étaient MM. de Chaulnes, de Rohan, de Lavardin,
» MM. de Coetlogon, de Locmaria, le baron de Guay, les évêques de Rennes,
» de Saint-Malo, les MM. d'Argousse, et huit ou dix que je ne connais pas. »
On demande d'où venait ce grand train, et l'on apprend dans les Lettres
de madame de Sévigné qu'on tenait alors les Etats de la province à Vitré,
dont le château des Rochers n'est distant que d'une lieue et demie.

Cette même année, l'abbé de Coulanges, oncle de la marquise, faisait bâtir la chapelle qu'on voit sur la gauche en entrant dans la cour. Entre la chapelle et le pavillon carré qui tient au corps de logis, il existe une claire-voie par laquelle on passe dans le jardin. On se souvient que madame de Sévigné aimait à converser avec *Pillois,* son jardinier ; conversation, dit-elle malignement, qu'elle préférait à celle de certains conseillers du Parlement de Bretagne. Du jardin on passe dans le parc ; on revoit les belles allées où se promenaient les dames en robes traînantes et les cavaliers portant des chapeaux à bord rabattus et garnis de plumes blanches ; leurs pourpoints sont souvent en taillades ; leurs épées sont suspendues à des écharpes blanches, et leurs bottines à hauts talons forment des plis et une espèce d'entonnoir au-dessus du mollet. L'imagination se représente cette belle compagnie se promenant à l'ombre des grands arbres qui bordaient les allées, ou bien elle croit voir madame de Sévigné à la fraîcheur du matin s'enfoncer dans l'épaisseur des bois, un livre à la main, peut-être les maximes de la Rochefoucault qu'elle médite, et avouant franchement qu'elle ne les comprend pas toujours. Elle porte sa vue sur les arbres d'alentour ; elle leur prête la parole : l'un dit *bella cosa far niente*, l'autre *amor odit inertes*.

Vous entrez dans le château ; on vous conduit à l'appartement auquel la tradition a conservé le nom de madame de Sévigné, et vous vous y trouvez en fort bonne compagnie ; car, à l'aide de la peinture, vous y voyez mesdames de Sévigné, de Grignan, de Simiane ; messieurs de Sévigné père et fils, l'abbé et le conseiller de Coulanges, le duc de Chaulnes, M. de Pomnars.

On entre en quelque sorte par l'illusion, en sympathie avec ces vieux personnages dont on voit les portraits, et l'on se refuse difficilement à les mettre en scène avec l'objet principal qui nous les a fait connaître. Chaque tableau mériterait une description. On se bornera à celui de madame de Sévigné. Elle est peinte de grandeur naturelle, et elle paraît avoir vingt-cinq ans ; elle est assise près d'une table sur laquelle on voit des fleurs qu'elle s'occupe à rassembler pour en faire une guirlande ; sa tête est coiffée en cheveux ; des boucles ondulées tombent sur son sein ; un collier de perles orne son cou ; elle est vêtue d'une robe de satin gris ; sa taille est serrée, mais l'ampleur de sa robe produit vers le bas du tableau de beaux effets. Sur ses épaules est artistement jetée une riche draperie de couleurs variées. C'est dans ses lettres qu'il faut chercher l'expression de sa physionomie, quoiqu'il ne soit pas difficile de lire sur ses lèvres les jolies pensées qu'elles exprimèrent. Ceux qui se rendront aux Rochers ajouteront de nouvelles observations à celles-ci ; toutes s'accorderont sur les louanges de madame de Sévigné, qu'on a rencontrées dans ce vers de Virgile :

Semper honos, nomenque tuum, laudesque manebunt.
La gloire et les éloges accompagneront toujours ton nom.

Une particularité curieuse du château des Rochers est un écho dans le jardin, qui ne trouve plus d'OEdipe pour en deviner la cause, mais qu'on soupçonne dépendre de la transmission et du son.

Cette belle propriété appartient à M. Isidore des Nétumières ; elle est située dans la petite commune d'Etrelles, arrondissement de Vitré, département d'Ille et Vilaine.

Lieu de la Bataille d'Auray, en 1364.

Déjà, dans la notice sur le monument des Martyrs, on a indiqué ce lieu pour avoir servi de champ de bataille, durant la guerre de la succession au duché, à l'époque du xive. siècle.

Alors le château d'Auray était une place forte qu'ambitionnait de posséder chacun des partis belligérans. Dans l'année 1364, il était occupé par une garnison du parti de Charles de Blois.

Une trève avait eu lieu en 1362, à Châteauneuf-de-la-Nouë, près de Saint-Malo, à laquelle on ne tint pas ; la suspension d'armes à *Évran* n'eut aussi pour résultat qu'un projet d'accord, soumis au jugement des rois de France et d'Angleterre ; il conduisit à se rendre de part et d'autre pardevant le prince de Galles, gouverneur de la Guienne ; mais les mêmes prétentions, soutenues d'un côté comme de l'autre, ne permirent point d'accommodement.

Montfort vint mettre le siège devant le château d'Auray, avec sept à huit mille hommes, tant Bretons qu'Anglais ; bientôt Charles de Blois accourut pour le faire lever. Le premier en face d'une armée ennemie plus nombreuse que la sienne, se porta en avant, à la distance d'une demi-lieue en-deçà d'Auray ; il assit son camp sur une plate-forme élevée, défendue par un coteau presque inaccessible. Il s'était placé vis-à-vis de son ennemi, et en observait les mouvemens ; ce lieu paraît avoir été l'emplacement où, depuis, fut bâtie la chapelle de Saint-Michel-du-Champ.

L'armée breto-française descendit des hauteurs qu'elle occupait d'abord, à l'égard du marais ; elle se rangea en bataille, et sembla provoquer celle breto-anglaise ; mais Jean Chandos, le chef anglais, très-renommé dans ce siècle de chevalerie, qui avait assisté à la bataille de Poitiers, où l'impétueuse valeur des Français avait conduit le roi Jean à sa perte, s'attendait à une seconde représentation de cette sanglante journée. Il dirigeait, par ses conseils, l'ardente jeunesse du comte de Montfort, impatient de combattre. Satisfait de sa position avantageuse, il fit faire défense au son de la trompette, à qui que

Dusaulchoy del.   Léth. de Villain.   Asselineau lith.

LIEU DE LA BATAILLE D'AURAY,
en 1364.

ce fût, d'attaquer l'ennemi. Cependant, la veille de la bataille, un Anglais du nom de Walter-Huet obtint de faire un défi; il s'avança vers l'ennemi, et demanda s'il y avait quelqu'un du côté de Charles de Blois qui voulût donner un coup de lance; un Breton nommé Hervé, de Cargoët, se présenta, et du premier coup renversa par terre son antagoniste. Il pouvait disposer de son cheval et de ses armes, mais il les lui remit pour, dit-il, qu'il s'en servît le jour de la bataille.

Beaucoup de noblesse française figurait sur ce terrain; le duc de Bourgogne avait été invité par le roi de France à s'y rendre, ce qu'il ne put faire; mais il y envoya les comtes d'Auxerre, de Joigny, le chevalier le Vert, frère du comte de Châlons, et nombre d'autres seigneurs.

Après avoir passé deux jours en présence de son ennemi, et faisant montre de l'attendre, l'armée de Charles de Blois se mit en mouvement, la lance haute et bannières déployées; tout porte à croire qu'elle se dirigea en droite ligne vers le camp de Montfort. Des dissertations critiques ont paru sur la marche de Charles de Blois, sans qu'on sache absolument à quoi s'en tenir. Peut-être n'a-t-on pas assez réfléchi sur une particularité de cette affaire, que voici : L'histoire dit qu'après avoir passé le ruisseau, les chevaliers mirent pied à terre et se débarrassèrent de leur cuissart, ce qui donne à penser que voyant devant eux un coteau escarpé qu'ils devaient gravir, ils en reconnurent l'inutilité, ainsi que celle de leurs chevaux. Tel est, ce me semble, le seul motif qui put les déterminer à se séparer d'objets si précieux dans un combat de ce tems, et ce qui sert de preuves à l'opinion que cette armée suivit la direction indiquée. Si cette explication est reconnue vraie, alors on voit que ce qui est devenu, depuis, le Champ des Martyrs se trouvait sur leur passage; c'était de là qu'il fallait partir, pour monter, l'on peut dire, à l'assaut. La résistance dut être grande et le terrain jonché de morts. Un écrivain contemporain a dit de ce combat :

> Le sang courait à grands ruisseaux,
> N'est nul qui le cueille à grands vaisseaux,
> Était la place toute couverte,
> Perdu avait sa couleur verte.

Rien ne put arrêter l'ardeur des Français. Ils parvinrent au sommet de cette forteresse naturelle; alors un combat sur un terrain égal dut avoir lieu; on y fit des prodiges de valeur de part et d'autre. La victoire paraissait se déclarer pour Charles de Blois, mais Chandos avait placé une réserve qui la décida en faveur de l'heureux comte de Montfort; son compétiteur au duché resta sur le champ de bataille, et Duguesclin, qui désirait la mort, après cet événement, eut la douleur d'être fait prisonnier.

Pour faciliter l'intelligence des positions respectives, on a supposé le château d'Auray dans son ancienne situation, par rapport à la ville de ce nom, où l'on en voit encore les ruines. De là on vient au camp de Montfort, vers l'endroit où est aujourd'hui la Chartreuse, dont le clocher sert de signe de ralliement, quoiqu'il n'existât pas alors.

Le petit temple est sur le lieu du Champ des Martyrs, tandis que, de ce côté-ci du marais, sur le devant du dessin, on voit figurer par trois lignes l'armée de Charles de Blois.

On n'a point eu l'intention de décrire la bataille d'Auray, ce qui demandait un beaucoup plus grand développement. On s'est borné à caractériser la localité historique. En faisant coïncider cette narration avec les observations faites sur le terrain, peut-être sera-t-on parvenu à préparer à d'autres les voies, pour, à l'aide de la peinture, faire un tableau véridique d'un sujet historique, mais plutôt affaire de parti que bataille rangée.

Cette journée mit fin aux dissensions civiles de la Bretagne, et son indépendance fut plus assurée. Le duc Jean IV, reconnu duc par le roi de France, lui fit hommage, mais *non lige*, c'est-à-dire que son duché ne pouvait être confisqué pour cause de rebellion, vu qu'il n'avait jamais fait partie de la monarchie française. Les rois de France n'ayant pas donné de souverains à la Bretagne, la mouvance était différente des autres provinces. Si cette bataille eût été gagnée par Charles de Blois, les choses se seraient passées bien différemment, pour l'indépendance du pays.

RUINE DU CHÂTEAU DE LA ROCHE MORICE.

Château de la Roche-Morice.

Plus l'on s'approche de l'extrémité de la Bretagne, vers Brest, et plus le sol devient inégal : sans cesse il faut au voyageur s'élever sur des montagnes ou descendre dans de profonds vallons. En Angleterre, la principauté de Galles offre de semblables aspects, et les Anglais la nomment Suisse anglaise. Ne pourrait-on pas en dire autant de la Basse-Bretagne pour la France?

Nos peintres commencent à fréquenter davantage un pays dont les sites pittoresques enrichissent leur porte-feuille de vues d'une originalité particulière.

Lorsque, venant de Morlaix, se rendant à Brest, on est arrivé à trois quarts de lieue de Landerneau, et qu'après avoir descendu une longue côte, on parvient au pont jeté sur la rivière d'Elhorne, alors on a devant soi un tableau qui embrasse un vaste amphithéâtre, où la scène, d'une nature sauvage, prête à l'imagination le souvenir de ces lieux de l'Italie qu'a peints Salvator Rosa, pour y placer ses brigands. Ici d'énormes rochers parsemés sur le sol se groupent à des massifs d'arbres, dont les ombres épaisses en précèdent d'autres qui le sont davantage, celles des cavernes formées par des rochers inclinés et appuyés sur d'autres. Ces affreux coteaux, presqu'inaccessibles, sont surmontés d'un vieux château abandonné depuis des siècles, et dont l'antiquité remonte peut-être aux Romains.

Celui qui cherche des lieux romantiques fera bien de visiter les environs du château de la Roche-Morice, où nombre de souvenirs le retiendront.

D'abord il apprendra que la rivière d'Elhorne a dû son nom à un roi qui habitait ce château, et qu'un désespoir fit s'y jeter ; si le lecteur doute du fait, on peut lui citer un vers latin, pris d'un ancien poète :

Elhorn Elhornis nomina fecit aquis.

Aux eaux de l'Elhorne Elhorne donna son nom.

Il voudra savoir pourquoi ce désespoir. C'est que vers le commencement

de notre ère, le royaume du souverain qui tenait sa cour à la Roche-Morice,
était ravagé par un monstre à forme de serpent, ayant une grosse tête, des
ailes, et une queue à replis tortueux, lequel ne put être appaisé qu'en lui
livrant tous les samedis un enfant à la mamelle. Le tour du roi étant venu,
et son enfançon dévoré, ne pouvant survivre à sa douleur, il se jeta dans
la rivière qui coulait au bas de son château. Fable ou conte de bonne femme,
n'est-ce pas ici un souvenir de la religion des Armoricains, qui plaça sur la
terre des figures idéales que l'astronomie avait fixées au ciel; mythologie qui
a pris son départ de l'Orient en même tems que l'astrolatrie, et qui dédaigna
de se mêler au polythéisme des Grecs et des Romains. Ce serpent dragon
n'est-il pas celui figuré que le christianisme naissant poursuivit partout où
il le rencontrait? Les légendes de nos Saints bretons sont pleines de combats contre des dragons, qu'ils finissent toujours par vaincre et conduire
doucement dans les eaux : on a cru y voir les conversions et les baptêmes
opérés par les missionnaires chrétiens. Il est particulier que, dans toutes les
églises de la Basse-Bretagne, on voie le dragon représenté ; sur-tout dans
celle de *Lan-Bol*, près la Roche-Morice, ce monstre est multiplié à l'infini.
Lan a voulu dire *temple ; Bol'* est le même que *Bal*, et le culte de *Bal*
ou *Bel* correspondait au sabéisme ou adoration des astres; puis on immolait
des créatures humaines à *Bal*, à *Bel* et *Bol*. N'est-on pas surpris de voir
que les Dictionnaires bretons traduisent le mot *belec* par *prêtre* et *sacrifi-
cateur ;* que le grand-prêtre s'appelât *ar belec brass, idem Melchisedec ;*
qu'on ait conservé, dans la langue bretonne le mot *beleghess*, qui veut dire
une *prêtresse ;* qu'on dise *coat belegheff*, le *bois de la prêtresse*, comme
on rencontre *sterbelec*, l'étoile du prêtre. Mais laissons le dragon fabuleux
au ciel, où il défend une vierge, et disons encore un mot du château de la
Roche-Morice, qui, dans le pays, porte aussi le nom de Rock-Morvan, nom
d'un autre roi qui, dans son orgueil, osa braver la toute-puissance de
Charlemagne, mais ne put résister à Louis-le-Débonnaire, quoiqu'à la tête
de ses troupes, il fût attaquer le monarque français, venu en Bretagne seulement pour le soumettre.

CHATEAU

DE

SAINT-AUBIN DU CORMIER.

Pour le Breton qui n'est pas encore insensible au souvenir du patriotisme de ses pères, quand ils défendaient l'indépendance de la Bretagne contre la France, ces ruines sont d'un grand intérêt; elles lui retracent les derniers efforts de ses ancêtres pour la conservation de l'existence politique du pays, à une époque où le prince régnant en Bretagne avait fait jurer à ses enfans, au sortir du berceau, de n'écouter jamais aucunes propositions qui tendraient à priver la Bretagne de son intégralité; de même que les États rendirent un arrêt de ne reconnaître pour légitimes souverains que les enfans du duc régnant, François II.

La bataille de Saint-Aubin du Cormier eut lieu le 28 juillet 1488, non loin de ce château. De la perte de cette bataille du côté des Bretons, est résultée la réunion de la Bretagne à la France. Ce qui hâta cet événement, devant arriver un jour, fut une intrigue de cour à la tête de laquelle s'était placée Madame de Beaujeu, fille de Louis XI et régente du royaume. Le duc d'Orléans, depuis Louis XII, fut fait prisonnier à la bataille de Saint-Aubin du Cormier, ainsi que le prince d'Orange, tous deux combattant dans les rangs bretons.

L'origine de ce château remonte au treizième siècle. Pierre de Dreux, alors duc de Bretagne, le fit bâtir pour mieux assurer la ligne de défense de la Bretagne vers la Normandie. Le goût qu'il avait pour la chasse l'engagea sans doute à le placer près d'une forêt, pour y jouir de cet exercice. L'examen de ces débris présente dans leur solidité la dureté presqu'indestructible du mortier des Romains. Nous ne pouvons mieux le prouver à ceux qui ne sont pas à même de l'observer de près, qu'en rapportant ici un passage d'un écrivain breton qui les vit il y a plus de deux siècles. Voici ce qu'il en dit :

« Ce château dura jusqu'à quelques ans après la journée de Saint-
» Aubin du Cormier; lequel étant rendu aux Français, le roi Charles VIII
» le fit démolir comme encore il est. Mais la structure en fut telle que
» nul ouvrier ne saurait encore aujourd'hui, à force de marteaux,
» rompre ni en tirer plus de son faix de pierres, tant il était bien ci-
» menté et la muraille bonne, et telle qu'il ne s'en fait plus. Et il y
» a encore aujourd'hui une demi-tour debout de grande hauteur, la-
» quelle tient par le haut une moitié de son ancienne circonférence et
» hauteur, et par le bas ne tient pas un quart où elle fut fondée; »
chose qui témoigne la force du ciment, qui résiste depuis 1223.

Il ne paraît pas que depuis l'époque où d'Argentré écrivait ceci, aucunes dégradations aient eu lieu à cette tour, qui faisait partie d'un château fort.

CHATEAU DU GUILDO.

Sur les côtes du nord de la Bretagne, dans les parages de Saint-Malo, entre les rades ouvertes de Saint-Cast et de Saint-Briac, la mer s'avance dans les terres, et porte les eaux de l'Océan cinq lieues intérieures, jusqu'au petit port de Plancouët, qui reçoit des bâtimens du port de cinquante tonneaux.

Lorsque l'on entre dans ce bras de mer, qui prend le nom de rivière du Guildo, l'on voit, sur la gauche, les ruines de l'antique abbaye de Saint-Jacut, dont la fondation remonte au cinquième siècle. Plus loin, dans cette rivière, sur la même rive, vous apercevez les tours d'un ancien château qui domine la rivière; c'est le Guildo.

Cette position vers la mer était d'une facile défense, et devait procurer de grands avantages pour recevoir des secours, ou entretenir des communications avec les côtes de la Bretagne, de la Normandie, et même avec l'Angleterre, quand des intérêts communs le demandaient. Ce château, vu de près, rappelle une forteresse cernée d'épaisses murailles flanquées de tours, et défendue par de larges et profonds fossés.

On parvient dans l'intérieur par le côté où était placée la porte d'entrée, aujourd'hui démantelée, et presque méconnaissable. Le coup-d'œil qu'offre l'enceinte intérieure est celui du désordre. Le sol inégal est encombré par les déblais des bâtimens écroulés. Quelques restes de chambres basses se font encore apercevoir; difficilement on peut y parvenir à travers les ronces et les épines, qui en défendent l'approche. Ce lieu infréquenté n'est plus que la demeure des animaux voraces, des reptiles et des oiseaux de nuit : c'est l'aspect de la destruction et de la mort.

On n'a pu découvrir par qui et quand le Guildo a été bâti. On le croit très-ancien. Quelques-uns ont prétendu que, dans le sixième siècle, vers l'an 560, il appartenait à Conobore ou Comore, prince breton; qu'il y donna asyle à Chram, fils rebelle de Clotaire 1er., roi de France, qui s'était allié avec le prince breton dont on vient de parler. Abordé sur cette côte avec une flotte, il s'avança vers le territoire français; ce qui attira sur lui une armée française commandée par son père. Selon cette version, une bataille eut lieu non loin de la côte; Comore fut tué, Chram fait prisonnier et brûlé avec sa femme et deux de ses filles, dans un village, par ordre de son père (1).

Une observation faite dans la commune de CREHEN, près du bourg de ce nom, et dans un petit hameau, à la distance d'environ une lieue du Guildo, a fait reconnaître un ancien tombeau (un *tumulus*), dont une partie entamée offre à l'intérieur des débris d'ossemens calcinés et du charbon. Une *merveilleuse* tradition, conservée par les paysans du lieu, raconte que la nuit on voit sortir de cette butte une femme qui va laver son linge à un ruisseau du voisinage.

Un fait plus certain, et qui attache à ces ruines de douloureux souvenirs, est d'apprendre que c'est là que commencèrent les horribles persécutions que le duc de Bretagne, François 1er., fit éprouver au plus jeune de ses frères, le prince Gilles de Bretagne. Ce dernier vivait en mauvaise intelligence, il est vrai, avec son aîné, parce qu'il avait à se plaindre du partage qu'on lui avait donné. Mais le frère, souverain, abusant de son autorité, ou poussé par des ennemis du prince Gilles de Bretagne, conçut l'affreux dessein de perdre son jeune frère.

Alors régnait en France Charles VII, qui tenait momentanément sa cour à Chinon, dans l'Anjou. Le duc François 1er. s'y rendit pour rendre hommage au roi de son duché; ce qu'il fit selon la coutume de ses prédécesseurs. Il cita son frère au roi comme traître à la France et à la Bretagne, voulant, disait-il, faire entrer les Anglais en France. Charles écouta ces calomnies. Les deux souverains convinrent de faire

---

(1) Grégoire de Tours parle de la marche en Bretagne de Clotaire contre les Bretons; mais il ne dit pas où la bataille a eu lieu. On lit dans la vie de Constantinien, qui habitait alors dans le Maine, qu'il vit passer Clotaire et lui prédit la victoire. Deric fait passer Clotaire par Dol. Des Fontaines, dans son Histoire des ducs de Bretagne, indique la bataille entre Saint-Malo et Châteauneuf. Comme Chram était venu par mer, il a pu descendre dans le voisinage du Guildo.

RUINES DU CHATEAU

DE

LA HARDOUINAIE.

En continuant l'abrégé de l'histoire de l'infortuné prince Gilles de Bretagne, nous le voyons passer prisonnier, du château de Moncontour à la Hardouinaie. L'historien d'Argentré en parle ainsi : « De Moncon- » tour il fut conduit au château de Touffou, puis en celui de la Hardoui- » naie, qui était à sa femme, place mal plaisante, close et étroite, où » il fut étrangement enclos, sans pouvoir avoir le large du château. »

En effet, on ne pouvait choisir un lieu plus retiré que cette solitude au milieu d'une forêt. En l'y conduisant, ses gardiens écartaient de lui l'intérêt que chacun prenait à ses malheurs, en passant près des murailles qui, dans les villes, l'avaient renfermé; ici il fut oublié.

Arthur de Montauban, maréchal de Bretagne, favori du duc, était à la tête des ennemis du jeune prince. On dit qu'épris de la princesse, il projetait de l'épouser après le crime qu'il méditait. Il donna l'ordre à ses sicaires de le faire périr. Cet ordre, dit l'historien du tems, portait *de le murdrir et de l'occire.* « Mais iceux, par ce qu'il ne leur en était » rien apparu par lettres authentiques, craignirent l'occire de glaive, » de paour d'en être repris ; à cette cause le resserrèrent étroitement » dedans une grosse tour, en une chambre basse, et délibérèrent de » le faire mourir de faim. »

Ce passage des annales de Bretagne est bien propre à nous faire croire que c'est avec raison que nous avons considéré la partie basse de la tour qu'on voit dans notre dessin, comme étant cette *chambre basse.*

Pour mettre leur plan à exécution, les gardiens du prince cessèrent de lui porter des alimens; mais la Providence se chargea de lui en procurer. Une femme du voisinage entendit les gémissemens du prisonnier, et vint à son secours, en lui apportant la nuit sa nourriture quotidienne. Ses gardes, qui ne s'en apercevaient pas, étonnés de le voir survivre à l'inanition, tentèrent le poison. Il y résista encore. Alors ils résolurent de l'étouffer, et voici de quelle manière le crime fut consommé :

« *Un jour de samedi, vingt-quatrième jour d'avril* 1450, *au plus matin,*
» *Olivier de Mesle et trois autres de ses compagnons entrèrent en sa*
» *chambre, en laquelle ils le trouvèrent couché. Ils lui environnèrent*
» *la gorge. L'un tirait de çà et l'autre de là, etc.* »

Je passe sur le reste. C'est ainsi que ce prince termina sa vie. Ces ruines sont dans un grand état de dégradation ; elles seront indifférentes pour celui qui les approchera, s'il ne connaît pas la touchante histoire à laquelle elles se lient. Plus les malheurs arrivent à ceux-là que la fortune en avait mis à l'abri, et plus ils sont grands. Ici, non seulement la fortune se plut à frapper de ses coups celui qu'elle poursuivit, mais elle voulut y ajouter d'autres traits perfides. Le duc parut avoir oublié sa haine. Déjà il avait envoyé son amiral Pregent de Coëtivy à Moncontour, avec ordre d'élargir son frère ; mais cette bonne nouvelle, parvenue au prisonnier, fut de courte durée ; de Mesle, obéissant au maréchal de Bretagne, fit fabriquer une lettre supposée venir d'Angleterre, par laquelle le roi anglais menaçait le duc de sa puissance, s'il ne mettait de suite en liberté Gilles, chevalier de l'Ordre de la Jarretière. Le duc, faible quand il s'agissait de se laisser maîtriser par ses courtisans, avait une grande fierté nationale. Un contre-ordre fut de suite expédié à Moncontour, et le prince sacrifié.

Un fait sur lequel j'ai passé, qu'il convient de rappeler, est que cette femme généreuse qui prolongea les jours du prince, fut chargée par lui de lui conduire un confesseur ; ce qu'elle fit. Le prince dévoila au religieux la connaissance de ses maux, le priant d'aller trouver son frère, et de l'appeler à la justice de Dieu. Le duc, frappé de cette citation, mourut deux mois après.

Le premier soin du successeur de François Ier. fut de rechercher les auteurs de la mort du prince Gilles. Ils furent arrêtés, et leurs têtes tombèrent sur l'échafaud, en expiation de leurs crimes.

arrêter le prince Gilles. Le duc de Bretagne, sans égard au sang, sans considération pour l'honneur de sa nation, souffrit que Charles VII le fit arrêter au château du Guildo. Voici de quelle manière le souvenir en a été gardé dans un écrit qui date du siècle suivant, et dont le langage se ressent de celui de l'événement :

« Messire de Brezé o tout (avec) quatre cents lances, arrivèrent devant la place du Guildo un dimanche, 26 juin de l'an 1446. En ce château était Monseigneur Gilles de Bretagne avec les dames, c'est à savoir madame sa femme, madame Catherine de Rohan, mère d'icelle, et plusieurs dames et damoiselles. L'arrivée de ces gens d'armes ne fit aucunes émotions sur l'esprit de ce prince, car il croyait recevoir des amis ; mais bientôt il s'aperçut du contraire, car ceux-ci prinrent au corps, assez lourdement, Monseigneur Gilles de Bretagne, le tirèrent hors de la place, et l'emmenèrent en la ville de Dinan, où était son frère. »

A peine Brezé, alors sénéchal du Poitou, fut parti de Chinon, que Arthur de Bretagne, connétable de France, oncle du duc François Ier. et du prince Gilles, s'adressa au roi, et lui représenta l'injustice qu'il venait de commettre. Le roi se repentit, et dit au connétable : « Beau » cousin, pourvoyez-y ; autrement la chose ira mal ; le duc et les autres » ont délibéré de le prendre. »

Le connétable se rendit en toute hâte en Bretagne ; mais le prince était remis à la justice du duc, qui ne voulut point le relâcher. Cette même année 1446, au mois d'août, les États du pays furent convoqués à Redon. Le duc se porta accusateur de son frère, comme coupable de trahison envers son pays et la France, et pour cette félonie méritant la mort.

Il se trouva à ces États des hommes vertueux et de courage qui défendirent le jeune prince. Un seigneur de Combourg entraîna l'Assemblée en faveur de la victime. Il dit qu'il affirmait sur sa tête qu'il n'y avait pas céans un meilleur Breton que Gilles de Bretagne ; qu'il ne *baillerait* aucun consentement à sa mort, mais plutôt requerrait sa délivrance.

Le prince y fut acquitté des chefs d'accusation, mais ne fut pas pour cela mis en liberté. L'irascible duc dit qu'il se réservait de l'accuser autrement. Gilles fut remis en prison à Châteaubriant, ensuite, pendant trois ans, conduit de prison en prison, jusqu'à ce que, renfermé dans un cachot à la Hardouinaie, il y reçut la mort de ses bourreaux.

Toujours aux pieds des murailles du Guildo, trois cent soixante-treize ans après l'événement que nous venons de raconter, lequel s'y passa au grand chagrin des habitans, qui y vivaient en paix, nous nous rappelons encore qu'un siècle et demi après, en 1590, les troupes d'Henri IV en chassèrent celles de la Ligue, puis en 1597, un des chefs de la Sainte-Union, sous les ordres du duc de Mercœur, s'en empara de nouveau avec deux mille hommes. Alors on se servait communément de l'artillerie. Aussi a-t-on trouvé une pile de boulets dans une retraite au-dessus de la poterne.

Un dernier souvenir est celui d'un proscrit durant nos derniers troubles civils, de pénible mémoire, qui s'était fait une cache dans ces ruines; c'était un Châteaubriant. Il les quitta, fut pris et fusillé à Paris.

Celui dont l'esprit est enclin aux idées poétiques, sera inspiré à la vue de ces vieilles tours, et les sujets ne lui manqueront pas. Si c'est un peintre, un beau tableau se présentera à son imagination. Le prince Gilles vient de quitter le jeu de paume; il reçoit cordialement le sire de Brezé, armé, et les dames, placées dans une galerie, sont témoins de cette réception. Le pendant de ce tableau serait la désolation qu'entraîna avec elle la trahison de Brezé et de ses hommes d'armes, en s'emparant du prince. C'est ainsi qu'en signalant nos vieux châteaux bretons trop négligés, il s'y rattachera un intérêt jusqu'à présent inconnu.

Un habile littérateur de nos jours (1) n'a pas dédaigné ce trait de notre histoire. Il en a fait le sujet d'un roman ingénieux et touchant, qu'il a nommé le Fratricide.

Non loin des ruines de la Hardouinaie, dans cette forêt, on voit un énorme tumulus entouré d'un fossé. Ne serait-ce pas le tombeau d'un chef des Druides? Il serait curieux de le fouiller.

(1) M. le vicomte Welsch.